AF358586

POLIXÉNE,

TRAGÉDIE,

REPRÉSENTÉE,

POUR LA PREMIERE FOIS,

PAR L'ACADÉMIE-ROYALE

DE MUSIQUE

Le Mardi 11. Janvier 1763.

PRIX XXX. SOLS.

AUX DÉPENS DE L'ACADÉMIE.

À PARIS, Chés DE LORMEL, Imprimeur de ladite Académie, rue du Foin, à l'Image Sainte Genevieve.

On trouvera des Livres de Paroles à la Salle de l'Opera.

M. DCC. LXIII.
AVEC APPROBATION ET PRIVILEGE DU ROI.

Le Poeme eſt de M. JOLIVEAU, Secretaire-
perpétuel de l'ACADÉMIE-ROYALE DE MUSIQUE.

La Muſique eſt de M. DAUVERGNE, Maître
de la Muſique de la Chambre du ROI.

A MONSEIGNEUR
LE COMTE
DE
St. FLORENTIN,
MINISTRE
ET
SECRETAIRE D'ÉTAT.

MONSEIGNEUR,

EN daignant me permettre de placer votre nom à la tête de cet Ouvrage, vous m'avés accordé la grâce que je desirois le plus d'obtenir : je serai trop heureux si les suffrages du Public justifient la hardiesse que j'ai eue de vous l'offrir !

A ij

4

   Pénétré de la crainte de vous déplaire un seul moment, je garderai un silence respectueux sur des Vertus, dont la Modestie releve en vous l'éclat : mais au-moins , MONSEIGNEUR, souffrés que je profite de vos bontés, pour publier que je vous dois tout ; & que cet instant, où je vous rends l'hommage de la plus vive reconnoissance , est pour moi l'instant le plus précieux de ma vie.

   Je suis avec respect ,

MONSEIGNEUR,

Votre très - humble & très-obéissant serviteur ,

JOLIVEAU.

ACTEURS CHANTANTS
DANS LES CHŒURS.

CÔTÉ DU ROI.

Mesdemoiselles. *Messieurs.*

La croix.	Le Page.
Durand.	Delvaux.
Fontenet.	Chicot.
Delor.	Scelle.
Roublot.	Rose.
Guillaume.	Robin.
Duplant.	Antheaume.
de Valbert.	Dupar.
Héry.	

CÔTÉ DE LA REINE.

Mesdemoiselles. *Messieurs.*

D'alliere.	Albert.
Massont.	L'Écuyer.
Salaville.	Tourcaty.
Lachantrie.	Cailteau.
Villanfin.	Chappotin.
Adélaïde.	Favier.
Beauvais.	Feret.
Chenays.	Du Perrier.
	Boy.
	Laurent.

ACTEURS.

PIRRHUS, *fils* d'ACHILLE, M^r. Gélin.
TÉLEPHE, *Prince des Misiens*, M^r. Pillot.
HÉCUBE, *veuve de* PRIAM, Mlle. Chevalier.
POLIXÈNE, *fille* d'HÉCUBE
    & de PRIAM,   Mlle. Arnoud.
JUNON,   Mlle. Rozet.
THÉTIS,   Mlle. Rozet.
LA GRANDE-PRÊTRESSE *de*
    JUNON,   Mlle. Rivier.
LE GRAND-PRÊTRE d'A-
    CHILLE,   M^r. Joly.
UN THESSALIEN,   M^r. Durand.
UNE TROYENNE,   Mlle. Bernard.
UNE THESSALIENNE,   Mlle. Bernard.
LA JALOUSIE,   M^r. L'arrivée.
LE DÉSESPOIR,   M^r. Joly.
LA FUREUR,   M^r. Muguet.
L'OMBRE d'ACHILLE,   M^r. Durand.
ARCAS, *Capitaine des Gardes de* PIRRHUS.
GUERRIERS & PEUPLES THESSALIENS.
TROYENS & TROYENNES, *qui sont captifs*
    de PIRRHUS.

MATELOTS & MATELOTTES.
PRÊTRÉSSES *de* JUNON.
SUIVANTS *de la* JALOUSIE.
PRÊTRES *d'*ACHILLE.
GARDES.

PERSONNAGES DANSANTS.

ACTE PREMIER.

THESSALIENS & THESSALIENNES.

M^r. GARDEL, Mlle. VESTRIS.

M^r. COMPIONI.

TROYENS & TROYENNES.

M^{rs}. Trupty, Rogier, Riviere, Hamoche, c.,
Lani, c., Doffion.

Mlles. Petitot, D'ornet, Siane, Contat, Daché,
Martaife.

ACTE SECOND.

MATELOTS & MATELOTTES.

Mlle. ALLARD.
M^{rs}. LANI, D'AUBERVAL.

M^{rs}. Béate, Gougi, Cezeron, Hamoche, c.,
Bianqui, Doffion.

Mlles. Saron, Villette, Cornu, Lahaie, Lozange,
Lacour.

ACTE

ACTE TROISIEME.
PRÉTRESSES de JUNON.
Mlle. L A N Y.
Mlles. DUMONCEAU, REI.

Mlles Demiré, Saron, S. Martin, Petitot, D'ornet,
Siane, Buard, Lahaie.

ACTE QUATRIEME.
SUIVANTS de la JALOUSIE.
M^{rs}. LAVAL, D'AUBERVAL.
Mlles. ALLARD, LYONNOIS, PESLIN.

M^{rs}. Lelievre, Hyacinte, Groſſet, Trupty, Dubois,
Riviere, Rogier, Lani, c., Compioni, Lieſſe.

ACTE CINQUIEME.
GUERRIERS.
M^r. G A R D E L.
M^{rs}. GROSSET, COMPIONI.
M^r. LYONNOIS.
PEUPLES THESSALIENS.
M^{rs}. Lelievre, Hyacinte, Trupty, Dubois, Rogier,
Riviere, Lany, c., Lieſſe.

Mlles. Demiré, Saron, Baſſe, Petitot, D'ornet,
Siane, Buard, Lozange.

B

L Es Mithologistes varient sur le sujet de cette tragédie : selon plusieurs, Polixène fut immolée dans la Troade, sur le tombeau d'Achille ; selon d'autres, Pirrhus l'emmena, & la sacrifia aux Mânes de son pere dans la Chersonnese de Thrace ; enfin quelques-uns disent qu'elle ne fut point immolée. On a préféré l'opinion qu'on a cru plus analogue au genre du spectacle de l'Opera, & qu'on a pensé qui pourroit être plus agréable au Public.

La Scéne est à LARISSE, Capitale des États de PIRRHUS, en THESSALIE.

POLIXÈNE, TRAGÉDIE.

ACTE PREMIER.

Le Théâtre repréfente une Place-publique de la ville de LARISSE, ornée d'un Arc-de-triomphe élevé à la gloire de PIRRHUS.

SCÈNE PREMIERE.

PIRRHUS, TÉLEPHE.

TÉLEPHE.

LE vainqueur d'Ilion, le digne fils d'Achille,
Pirrhus, dans ce beau jour, fe livre à la douleur !
Tu jouïs d'un deftin glorieux & tranquille ;
   Ami, qui peut troubler ton cœur ?

PIRRHUS.

Télephe n'a-t-il pu lire encor dans mon âme ?
Ah! reconnois l'Amour à ce trouble fatal.

TÉLEPHE.

Quel est donc l'objet qui t'enflâme ?

PIRRHUS.

Polixène.

TÉLEPHE, à part.

Pirrhus, o ciel! est mon rival.

PIRRHUS.

Au milieu des débris, dans l'horreur du carnage,
Le Palais de Priam brûlant de toutes parts,
J'entre ; elle s'offre à mes regards :
Ses attraits, ses larmes, son âge,
Tout lui soûmit mon superbe courage.

TÉLEPHE.

Pirrhus se seroit-il flaté
De voir à son ardeur Polixène sensible ?
Le sang dont elle sort & sa captivité
Oppôsoient à tes vœux un obstacle invincible.

PIRRHUS.

D'un plus doux avenir je goûtois les appas :
L'espoir ne s'éteint point, quand l'amour est extrême.

J'amenois Polixène au fein de mes états ;
Mon amour à fes piés eût mis mon diadême.

Mais le deftin jaloux difperfe mes vaiffeaux :
    Et quand j'échappe à la fureur des flots,
Je me vois féparé de la beauté que j'aime.

TÉLEPHE.

Qu'aurois - tu pu prétendre ?.. Au mépris de ton
  rang,
        Bientôt les Grecs fur cette rive
    Seroient venus te demander fon fang.

PIRRHUS.

    Quels droits ont-ils fur ma captive ?
    J'étois feul maître de fon fort.
Le bras qui les fit vaincre eût bravé leur effort.

        (*On entend une fimphonie de triomphe.*)

TÉLEPHE.

    Pour ton triomphe ici tout fe prépare ;
A-l'envi tes fujèts viennent le célébrer.
        Pirrhus, que la gloire répare
Les tourments où l'amour a trop fu te livrer.

PIRRHUS.

Qu'elle me coûte cher, cette gloire barbare !
    Hé, quel fruit puis-je en efpérer ?

SCÈNE II.

PIRRHUS, TÉLEPHE, *un* Thessalien, Peuples & Guerriers Thessaliens, *conduisant, à la maniere des anciens, des captifs* Troyens *enchaînés, pour honorer le triomphe de* Pirrhus.

LE THESSALIEN.

D'Un héros adoré consacrons la mémoire ;
Chantons ses exploits glorïeux.
Bellonne & la Victoire
Égalent son triomphe à la grandeur des Dieux.

Le THESSALIEN *& le* Chœur *de Thessaliens.*

D'un héros adoré, &c.

PIRRHUS.

De ces captifs qu'on détache les chaînes ;
Ils en ont trop senti le poids.
Que leurs cœurs connoissent mes loix
Par les bienfaits, & non pas par les peines.

(*Les Troyens & les Troyennes, à qui on a ôté leurs fers pendant le morceau précédent, célébrent, en dansant, le retour de leur liberté ; un Thessalien & une Thessalienne présentent à* PIRRHUS, *en dansant, une branche d'olivier & une couronne de laurier & de mirthe fleuri, simboles de la paix, de la victoire & des plaisirs.*)

U N E **T R O Y E N N E,** *alternativement avec*
le **C H Œ U R** *des Troyennes.*

La liberté
Pour nous vient de renaître:
Chantons le plus aimable maître;
Il fait notre félicité.

L A **T R O Y E N N E,** *seule.*

Sous son empire
Le fort comble nos vœux:
Tout y respire
Les plaisirs & les jeux.

L A **T R O Y E N N E,** *alternativement avec*
le **C H Œ U R** *des Troyennes.*

Chantons le plus aimable maître:
La liberté
Pour nous vient de renaître:
Chantons le plus aimable maître;
Il fait notre félicité.

(Le divertissement continue.)

L E **T H E S S A L I E N.**

Sur les mortels, le fier Dieu de la guerre
N'éxerce plus son pouvoir destructeur:

L'Amour vole en ces lieux, du féjour du tonnerre;
Qu'il regne : fon flambeau ne brille fur la terre
    Que pour nous guider au bonheur.

    Dieu charmant, l'univers t'adore,
      Et te doit tous fes attraits.
    Pour l'embellir , ajoûte encore,
      S'il fe peut , à tes bienfaits.

Sur les mortels , &c.

(Le divertiſſement continue.)

LE *THESSALIEN & le CHŒUR de Theſſaliens &*
de Troyennes.

Des bontés du vainqueur que les airs retentiſſent;
    Formons les plus brillants concerts :
    Que tous les peuples applaudiſſent ;
Que le nom de Pirrhus rempliſſe l'univers.

P I R R H U S.

De mes bienfaits confervés la mémoire ;
Allés. Votre bonheur m'eſt plus cher que ma gloire.

(Tout le monde ſe retire , hors PIRRHUS & TÉLEPHE : on entend
une ſimphonie , pendant laquelle JUNON deſcend des Cieux.)

Quel bruit fe répand dans les airs ?

S C E N E

SCÈNE III.

JUNON, PIRRHUS, TÉLEPHE.

JUNON, sur le char de la Vengeance.

Frémis, Pirrhus, de ma colere !
En vain de ces captifs tu veux finir les maux ;
   Ils sont Troyens ; au défaut du tonnerre
Je saurai les frapper par des tourments nouveaux.

   Dans Ilion tu trahis ma vengeance ;
Ton cœur nourit encor un amour qui m'offense ;
Tremble ! ce même amour fera couler tes pleurs.
      C'est désormais par tes malheurs
Que je prétends signaler ma puissance.
         (*JUNON remonte aux Cieux.*)

SCÈNE IV.

PIRRHUS, TÉLEPHE.

PIRRHUS.

Quel avenir pour mon cœur éperdu !
Télephe, en ces moments m'abandonneras-tu ?
         TÉLEPHE.
Non, je reste en ces lieux : l'interêt le plus tendre
      Me fait partager ton effroi.

C

En vain je cherche à m'en défendre ;
Le couroux de Junon m'allarme autant que toi.

P I R R H U S.

Ah, fa rigueur ne tombe que fur moi !

Hécube fuit Uliffe ; Argos verra Caffandre
Devancer dans fes murs le retour de fon roi ;
Et déja tes captifs au fein de la Mifie
De tes exploits fameux ont confirmé le bruit :
Les Dieux vous font à tous un fort digne d'envie ;
Je fuis le feul que le deftin pourfuit !

T É L E P H E.

Eh bien, il faut braver l'orage :
C'eft dans les grands revers que brille un grand courage.

P I R R H U S.

Que ce difcours eft digne de ton cœur !

P I R R H U S & T É L E P H E.

Uniffons nos efforts, ranimons notre audace.
En vain Junon s'irrite & nous menace ;
Pour triompher de fa fureur
Ofons braver les traits de fon couroux vengeur !

FIN DU PREMIER ACTE.

ACTE SECOND.

Le Théâtre repréfente , d'un côté , des tours & partie des murailles de LARISSE ; de l'autre , des rochers, femés de quelques arbres : tout le fond eft occupé par la mer agitée.

SCÉNE PREMIERE.

PIRRHUS, *feul.*

MEr terrible , dont les ravages
M'ont arraché l'objet de tous mes vœux,
Dans ta fureur , trop féconde en nauffrages,
Viens, engloûtis un malheureux !

Polixène, jouët de l'onde ,
Peut-être ne voit plus le jour :

Le deftin m'en fépare, hélas ! & fans retour.
Chaque moment ajoûte à ma douleur profonde ;
Chaque moment accroît mes tourments, mon
 amour !

Mer terrible, &c.

*(L'agitation de la mer augmente peu-à-peu, & un bruit de tempête
commence à fe faire entendre.)*

La vague, en mugiffant, avec effort s'éleve....

*(Le bruit augmente, l'agitation de la mer redouble, le fond du
théâtre s'obfcurcit, & on voit quelques éclairs.)*

Dieux ! quel nouvel effroi s'empare de mes fens?...

*(Le bruit croît encore ; toute la partie du théâtre occupée par la
mer, n'eft éclairee que par des éclairs ; le tonnerre gronde.)*

Le Soleil s'obfcurcit... Ciel ! le nüage creve...

*(Le feu des éclairs continue ; la foudre tombe ; on apperçoit des
vaiffeaux battus de l'orage.)*

Il remplit l'air de feux étincelants !..
Polixène périt peut - être en ces inftants !..

*(La tempête continue dans toute fa force ; la foudre tombe encore ;
plufieurs des vaiffeaux font fubmergés.)*

A la faveur d'une lumière horrible,
J'apperçois des vaiffeaux... O Thétis ! fois fenfible

Aux vœux d'un fils, qui t'implore aujourd'hui :
De ces infortunés , Déèſſe , ſois l'appui !

(Le tonnerre & les éclairs cèſſent ; l'agitation de la mer diminue ;
une ſimphonie ſuccede au bruit de l'orage.)

S C Ê N E   I I.

PIRRHUS, THÉTIS, *ſortant de la mer.*

T H É T I S , *dans une conque.*

REconnoiſſés ma voix , rentrés dans le ſilence,
Impétüeux tirans des airs.

(Le jour renaît par dégrés ; la mer ſe calme entierement ; le reſte
des vaiſſeaux gagne le rivage des deux côtés.)

Que votre obéiſſance
Faſſe régner le calme au ſein des mers.

Et toi, Pirrhus, crains ta foibleſſe.
Contre un ſang qui t'eſt cher le Ciel eſt irrité :
Thétis te rend l'objet de ta tendreſſe ;
Mais mon pouvoir eſt limité :
Déſarme de Junon la fureur vengereſſe ,
Ou cèſſe déſormais d'implorer ma bonté.

(THÉTIS rentre dans la mer.)

PIRRHUS.

Je vais donc revoir Polixène !
Courons au-devant de ſes pas.
Si mon amour trïomphe de ſa haîne,
Le couroux de Junon ne m'épouvente pas.

SCÈNE II.

UNE THESSALIENNE, GUERRIERS *THESSALIENS*, THESSALIENNES, MATELOTS *& MATELOTTES, qui entrent en danfant, du côté oppôfé à celui par lequel* PIRRHUS *eft forti;* POLIXÈNE, *qui ne paroît qu'à la fin du divertiffement.*

LE CHŒUR.

FEfons retentir ces rivages
    De mille chants nouveaux.
Thétis nous a fauvés de la fureur des flots:
    Fefons répéter aux échos
    Et fes bienfaits & nos hommages.

(La fête continue.)

UNE *THESSALIENNE.*

    De ces riants climats
    La Paix bannit les allarmes:
    L'Amour, qui fuit fes pas,
Nous offre un fort plein de charmes.

LA *THESSALIENNE & le* CHŒUR.

    De ces riants, &c.

 P O L I X È N E,

LA **T H E S S A L I E N N E.**

A la voix des defirs.
Heureux qui fait fe rendre !
De l'attrait des plaifirs
On veut envain fe défendre.

LA **T H E S S A L I E N N E** *& le* **CHŒUR.**

De ces riants, *&c.*

LA **T H E S S A L I E N N E.**

Ne craignons point les coups
Du Dieu charmant de nos âmes :
Ses traits font doux ;
Le bonheur fuit toûjours fes flâmes.

LA **T H E S S A L I E N N E** *& le* **CHŒUR.**

De ces riants climats, *&c.*

(*Le divertiffement continue.*)

P O L I X È N E.

A ma douleur laiffés-moi toute entiere ;
De votre fort cachés-moi les douceurs.

(*Tout le monde fe retire.*)

SCÉNE

SCÊNE IV.

POLIXÈNE, seule.

LE Ciel me rend à la lumière,
Pour accroître encor mes malheurs :
Il a prolongé ma carrière,
Pour me faire éprouver l'excès de ſes rigueurs.

Des malheureux Troyens l'effroyable carnage ;
Nos murs livrés à la flâme, au ravage ;
Prïam, Hector, gémiſſant aux enfers ;
Ma mere, loin de moi, ſubiſſant l'eſclavage ;
Que de maux ! j'y ſuccombe : & la honte des fers
Eſt pour mon cœur le moindre des revers.

Que dis-je ? malgré-moi, l'aſpect de ce rivage
Adoucit les tourments que ce cœur a ſoufferts.
Il eſt donc vrai qu'un lâche amour m'engage ?
Dieux, que n'ai-je péri dans l'abîme des mers !

Je reverrai Pirrhus ; & cette âme ſi fière
Lira trop ma foibleſſe au-travers de mes pleurs.
O Ciel ! tu me rends la lumière ;
Mais c'eſt pour combler mes malheurs !

(Elle tombe accâblée au pié d'un rocher.)

D

S C È N E V.

P I R R H U S, P O L I X È N E.

P I R R H U S.

LE Ciel termine enfin ma peine !
Un plus heureux deſtin ſur ces bords vous ramene.

P O L I X È N E, *ſe levant vivement.*

Fuyons.

P I R R H U S.

Pourquoi voulés-vous m'éviter ?
Ah ! ne m'accâblés point du poids de votre haîne.
Si le ſort des combats me l'a fait mériter,
        Qu'il m'en a bien puni !

P O L I X È N E.

                    Barbare !
Quitte cette pitié, dont ton orgueil ſe pare :
Je ne puis m'y tromper ; non, non, je ſais trop bien
Quels ſont les ſentiments d'un cœur tel que le tien.
    Tu t'applaudis en regardant ma chaîne ;
Tu te plais à jouïr des maux de Polixène.

P I R R H U S.

Non ; de ce cœur, par la gloire animé,
        Vous ayés droit de tout attendre.

Connoissés si Pirrhus est tendre ;
Apprenés à quel point vos attraits l'ont charmé.

POLIXÈNE.

Arrête ! pense - tu qu'un aveu téméraire
Me fasse oublïer tes fureurs ?

PIRRHUS.

J'ai trop prévu votre colere.

POLIXÈNE.

Tu veux donc aigrir mes douleurs ?

PIRRHUS.

Dans cet aveu, qui vous offense,
Ne voyés que l'amour d'un roi tendre & soûmis.
Je voulois garder le silence ;
Vos reproches, vos pleurs ne me l'ont pas permis.

POLIXÈNE.

(à PIRRHUS.)   (à part.)

Laisse-moi. Dans quel trouble il jette mes esprits !

S C Ê N E   VI.

HÉCUBE, PIRRHUS, POLIXÈNE.

H É C U B E , au bord du rivage.

OÙ fuis-je ?

P O L I X È N E , courant à HÉCUBE.

Hécube !... O ma mere !

H É C U B E , l'embraſſant.

Ma fille !...

En quels climats le ſort vient de nous réunir !...

(appercevant PIRRHUS.)

Pirrhus !... le deſtructeur de toute ma famille !
Sa preſence me fait frémir.

P I R R H U S.

Ah, voyés en Pirrhus un Prince moins coupable.

H É C U B E.

Je n'y puis voir qu'un vainqueur implacable.
Dont l'aſpect eſt pour moi plus cruël que la morr.

O Dieux ! pourquoi ce même orage,
Qui m'a fait échouër ſur ce fatal rivage,
N'a-t-il pas terminé mon ſort.

POLIXÉNE, à Hécube.

Calmés ce douloureux tranfport.

(*à* Pirrhus.)

Seigneur, fouffrés que mon âme attendrie
Pour l'objet le plus cher implore vos bontés.

H É C U B E.

De quelle horreur mes fens font agités !
Devant Pirrhus ma fille s'humilie !

P O L I X È N E.

Ma mere eft tout pour moi ; prenés foin de fa vie.

PIRRHUS, à Hécube.

Adoucir vos deftins, c'eft mon premier devoir ;
Oui, mon cœur n'en connoît plus d'autre.
Ordonnés dans ces lieux, foûmis à mon pouvoir ;
Tout mon bonheur dépend du vôtre.

SCÈNE VII.

HÉCUBE, POLIXÈNE.

HÉCUBE.

LE barbare ! peut-il réparer ses fureurs ?

POLIXÈNE.

Le Ciel, en me rendant ma mere,
Semble vouloir suspendre ses rigueurs :
Goûtés l'espoir d'un destin moins contraire ;
Polixène essuîra vos pleurs.

HÉCUBE.

Tu sais combien tu me fus toûjours chere.

HÉCUBE & POLIXÈNE.

Dieux, qui nous rassemblés dans ces lieux ennemis,
Que nos malheurs vous attendrissent !
Grands Dieux, que nos pleurs vous fléchissent !
Ne lancés-vous vos traits que sur des cœurs soûmis ?
Que nos malheurs vous attendrissent,
Dieux, qui nous rassemblés dans ces lieux ennemis !

FIN DU SECOND ACTE.

ACTE TROISIEME.

Le Théâtre repréfente, fur le devant, le Veſtibule du Temple de JUNON; &, dans le fond, le temple même, dont les portes ſont fermées.

SCÉNE PREMIERE.

(Une ſimphonie peint un tremblement de terre.)

TÉLEPHE, ſeul.

QUE d'horreur & d'effroi!... La terre ſous nos pas
Semble nous menacer d'entrouvrir ſes abîmes :
Un ſouffle empoiſonné, miniſtre du trépas,
Moiſſonne, à chaque inſtant, de nouvelles victimes.
  O Junon! quels ſont donc leurs crimes?
  Eh, depuis quand les Dieux
Ne ſont-ils plus touchés des pleurs des malheureux?

Mais Polixène, en proie à ce péril extrême,
Peut-être la premiere en subira l'horreur ?
Je verrois périr ce que j'aime !.
Non ; plûtôt mille fois je périrai moi-même.

Hécube approuve mon ardeur ;
En sauvant la Princesse, assûrons mon bonheur.

SCÊNE II.

HÉCUBE, TÉLEPHE.

HÉCUBE, arrêtant *TÉLEPHE*.

Où courés-vous ? & que voulés-vous faire ?

TÉLEPHE.

Conserver, si je puis, Polixène à sa mere ;
Vous-même, vous sauver de l'injuste couroux
Que Junon peut étendre jusqu'à vous.

HÉCUBE.

Ignorés-vous l'auteur du sort qui nous menace ?
Pirrhus seul en ces lieux
Attire le couroux des Dieux.
Tout doit animer votre audace ;
Frappés un rival odieux :

Votre

Votre amour peut encor être un crime à mes yeux ;
    Que le fang de Pirrhus l'efface.

TÉLEPHE.

Moi, je l'immolerois !

HÉCUBE.

          S'il pénetre vos vœux ,
Il peut vous en punir.

TÉLEPHE.

          Non ; il eft magnanime.

HÉCUBE.

L'amour jaloux eft toûjours furïeux.

TÉLEPHE.

Pirrhus eft un héros ; il détefte le crime.

HÉCUBE.

Lui ? jufte ciel ! Ne vous fouvient-il plus ›
    Qu'infenfible aux pleurs des vaincus ,
Dans nos murs embrâfés le meurtre , le ravage ,
Les plus horribles maux ont fignalé fa rage ?
Que Priam , terraffé par ce Prince inhumain ,
A reçu le trépas de fa barbare main ?

TÉLEPHE.

La victoire fouvent peut rendre impitoyable :
Mais jamais d'un forfait je ne ferai coupable.

               E

HÉCUBE.

Dis plûtôt que tu crains la mort,
Que tu n'ôſes punir un rival qui m'offenſe.
Va, je ſaurai, ſans toi, conſommer ma vengeance.
Je trouverai des cœurs, ſenſibles à mon ſort,
De fideles Troyens, que le danger anime,
Qui bientôt à mes piés abattront ma victime.

TÉLEPHE.

Arrêtés... O dieux, quel tranſport!
Voyés dans quel péril ce tranſport vous entraîne;
Écoutés moins la vengeance & la haîne.

HÉCUBE.

J'écoute mon devoir: ſuis-moi ; viens m'imiter;
Viens ravir Polixène au danger qui la prèſſe :
En immolant Pirrhus, ôſe la mériter.

TÉLEPHE, *à lui.*

Ciel ! le crime eſt-il fait pour ſervir la tendreſſe ?

SCÈNE III.
TÉLEPHE, POLIXÈNE.

POLIXÈNE.

MA mere à mon aspect a détourné les yeux,
Et vous êtes plongé dans un morne silence :
    Seigneur, que faut-il que je pense ?
    Parlés... Vous gémissés... Ah, Dieux,
    Daignés calmer le trouble de mon âme !
Hécube...

TÉLEPHE.

    J'en frémis ! votre mere en couroux
Veut que Pirrhus expire sous mes coups.

POLIXÈNE.

Vous serviriés la haîne qui l'enflâme ?

TÉLEPHE.

Moi ! du sang d'un ami je rougirois ma main ?
Ah ! quel que soit l'excès de l'amour qui m'anime,
Plûtôt que de servir un si cruël dessein,
    De mon rival je serai la victime.

POLIXÈNE.

    Mais peut-être qu'en ce moment,
Hécube, n'écoutant qu'une aveugle colere...

Que dis - je ? fi Pirrhus découvre ce miftere,
Rien ne peut la fauver de fon reffentiment.
Pour une mere, hélas ! vous voyés mes allarmes :
Courés, prévenés fes tranfports ;
Oppôfés-vous à fes efforts ;
Sauvés-la d'elle-même, & m'épargnés des larmes !

TÉLEPHE.

Dieux ! quel foupçon pénetre dans mon cœur ?
Sur l'objet de votre frayeur,
En le déchirant, il l'éclaire :
Vous tremblés pour Pirrhus, plus que pour une
mere.

POLIXÈNE.

O ciel ! que dites-vous ?
Aurois-je à craindre encor vos fentiments jaloux !

TÉLEPHE.

Non, non, ne craignés rien de mon amour extrême ;
Je cours vous fatisfaire, aux dépens de moi-même :
Oui, je vais vous prouver que ce cœur vertuëux
Peut-être méritoit un fort moins malheureux.

SCÊNE IV.
POLIXÈNE, *seule.*

QUoi, je n'ai pu cacher dans la nuit du silence
Des feux, que j'aurois dû ne reſſentir jamais ?
L'Amour, qui de Junon ſert trop bien la vengeance,
A banni de mon cœur l'innocence & la paix.

*(Les portes du temple s'ouvrent ; la Grande-Prêtreſſe de JUNON
paroît d'abord ſeule, appuyée ſur l'autel ; où les autres Prêtreſſes
apportent ſucceſſivement les vâſes & autres chôſes propres aux
ſacrifices.)*

Mais de Junon j'apperçois la Prêtreſſe.
 Bientôt, pour fléchir la Déèſſe,
 Pirrhus doit ſe rendre en ces lieux ;
 Dérobons mon trouble à ſes yeux :
Puiſſe-t-il à-jamais ignorer ma foibleſſe !

SCÈNE V.

PRÊTRESSES *de* JUNON.
*L*A *GRANDE-PRÊTRESSE* & *le CHŒUR*.

Souveraine des Cieux,
Dont nos voix chaque jour célebrent la puiſſance ;
Toi, qui verſas ſur nous tant de biens précieux,
Regarde-nous dans ta clémence ;
Que notre encens fléchiſſe ta vengeance !

(*Pendant que partie des* PRÊTRESSES *forment des danſes,
d'autres font des cérémonies de ſacrifice.*)

*L*A *GRANDE-PRÉTRESSE*.

Toi, qui regnes ſur l'univers,
Dont le pouvoir fait trembler les enfers,
Reine des Dieux, toi, qu'adore la terre,
Qui partages les droits du Maître du tonnerre ;
Entends, du haut des Cieux, mes timides accents :
Pardonne à des cœurs gémiſſants !
Puiſſent mes vœux appaiſer ta colere !

(*Les* PRÊTRESSES *recommencent leurs danſes, qui ſont
interrompues par des ſons douloureux.*)

SCÊNE VI.

PRÊTRESSES *de* JUNON, PIRRHUS, PEUPLES.

LE CHŒUR des PEUPLES, derriere le temple.

A Quels tourments, hélas ! fommes-nous condamnés ?

PIRRHUS, entrant vivement dans le temple.

Déèffe, que Lariffe adore,
Souffrés que Pirrhus vous implore
Pour des fujèts infortunés.
Faites luire pour eux une plus pure aurore,
Et m'accâblés des traits qui leur font deftinés !

*LE CHŒUR des PEUPLES, entrant confufément
dans le temple.*

Grands Dieux ! quelles douleurs foudaines!..
Quelle ardeur embrâfe nos veines ! ..
Ciel ! o Ciel ! quels tourments nouveaux !..
O Mort ! viens terminer nos maux !

*LA GRANDE-PRÊTRESSE, alternativement avec
PIRRHUS & les CHŒURS de Prêtreffes & de Peuples.*

O puiffante Junon ! daignés finir leurs nos maux !

 POLIXÈNE,

(On entend une simphonie mistérieuse.)

LA GRANDE-PRÉTRESSE.

Quel transport agite mon âme ?...
Ce temple paroît s'ébranler...
Qu'entends-je ?... quelle voix ?.. Quel feu divin
m'enflâme !...
L'avenir à mes yeux va-t-il se dévoiler ?...
Écoutés tous : Junon par ma voix va parler.

Si vous voulés fléchir sa haîne,
Sur le tombeau d'Achille immolés Polixène.

(Les PRÊTRESSES rentrent dans le temple, dont on referme les portes.)

PIRRHUS.

Déèsse inéxorable ! ah, donnés-moi la mort !

LE CHŒUR des PEUPLES, *en se retirant.*

Ciel, quel arrêt ! o trop funeste sort !

PIRRHUS.

Non, quelque affreux destin que Junon me prépare,
Mon cœur à cet excès ne sera point barbare ;
Non, cher & triste objet du plus ardent amour,
Je ne souffrirai pas que vous perdiés le jour !

FIN DU TROISIEME ACTE.

ACTE

ACTE QUATRIEME.

Le Théâtre repréfente une partie intérieure du Palais de PIRRHUS.

SCÊNE PREMIERE.
HÉCUBE, *feule.*

Rien n'égale l'excès du malheur qui me fuit !
De mes foins, de mes pleurs voilà donc tout le
    fruit ?
Il n'eft plus de Troyens ! ce que j'en vois encore
Eft indigne d'un nom que leur cœur déshonore.
Ils gémiffent des maux où le fort me réduit,
    Et c'eft en vain qu'Hécube les implore !...
    De toutes parts mon efpoir eft détruit ;
Je ne vois point Télephe, & ma fille me fuit !
O Ciel ! ès tu content de ta rigueur extrême ?...
Céffons de vains regrèts ; je me refte à moi-même.
                    F

Puiſqu'Ilïon pour-jamais
A diſparu dans la cendre ;
Puiſqu'en ces lieux déſormais
A nul ſecours je ne dois plus m'attendre ;
Feſons de ce palais le ſéjour de l'horreur !
Que l'effroi, les allarmes,
Que les cris & les larmes
Mettent au même rang le vaincu, le vainqueur :
Feſons de ce palais le ſéjour de l'horreur !

Vengeance ! tu peux ſeule avoir pour moi des charmes.

SCÉNE II.

HÉCUBE, POLIXÈNE.

HÉCUBE, appercevant POLIXÈNE.

MA fille !…

POLIXÈNE, à part.

De quel trait je vais percer ſon ſein !

HÉCUBE.

Tu fuis mes regards… tu ſoûpires !..
Quel trouble nouveau tu m'inſpires !..

POLIXÈNE.

Dans mon malheur je rends grâce au deſtin :
Je n'ai point à trembler pour les jours d'une mere.

HÉCUBE.

Tu me glaces d'effroi !

POLIXÈNE.

Le Ciel ordonne ; il faut me ſoûmettre à ſa loi.

HÉCUBE.

Je tremble ! .. explique ce miſtere.

POLIXÈNE.

Pour appaiſer les Dieux,
Mon ſang doit couler en ces lieux.

HÉCUBE.

Infléxible Junon ! quoi, ta haîne funeſte
Veut encor me ravir le ſeul bien qui me reſte ?

POLIXÈNE.

Par pitié , cachés-moi vos pleurs :
Je ne puis ſoûtenir l'excès de vos douleurs.

HÉCUBE.

Auteurs de tous mes maux, Dieux cruëls ! qu'on
adore ,

F ij

Si l'horreur de mon fort ne peut vous attendrir,
Lancés fur moi vos traits, s'il vous en refte encore !

P O L I X È N E.

Ne les irrités point : ma mort peut les fléchir.

H É C U B E.

Non, malgré leur fureur, tu vivras : mon courage
S'anime par l'excès du péril que tu cours.
　　　Télephe peut fauver tes jours ;
Ses vaiffeaux, fes foldats l'attendent au rivage :
　　　Je vais implorer fon fecours.

SCÊNE III.

POLIXÈNE, seule.

QUel espoir vous séduit, mere trop déplorable !
Rien ne peut de Junon désarmer la rigueur ;
Hé, qui pourroit changer le destin qui m'accâble ?
D'un funeste trépas je sens déja l'horreur :
Il faut mourir... O Dieux ! de quoi suis-je cou-
pable ?...

  Je me plains du couroux du Ciel,
  Quand je nouris un feu trop condamnable !..

Ah ! qui peut espérer un sort plus favorable,
 Si l'amour seul rend un cœur criminel ?

SCÊNE IV.

POLIXÈNE, PIRRHUS, ARCAS, Gardes.

PIRRHUS.

Princesse, un peuple altier, que le malheur op-
prime,
Méconnoît mon pouvoir, & respire le crime.

POLIXÈNE.

Je vous entends ; il demande ma mort :
Son infortune excuse son transport.

PIRRHUS.

Vous plaignés ce peuple barbare !
Ah, c'est en vain qu'il se prépare
A servir de Junon l'implacable couroux ;
De sa fureur je préviendrai les coups.

POLIXÈNE.

Pourquoi vous expôser à l'horrible vengeance
Qu'elle peut éxercer sur vous ?

PIRRHUS.

L'Enfer entier servît-il sa puissance,
Pirrhus prendra votre défense.

Un afile, inconnu de mes lâches fujèts,
Vous offre en ce palais une retraite fûre :
     Dès que la nuit obfcure
Viendra prêter fon ombre à mes projèts,
(montrant ARCAS & les Gardes.
Cet ami vertuëux, cette garde fidele
     Vous conduiront loin de ces lieux.

POLIXÈNE.

Abandonner ma mere à fa douleur mortelle !

PIRRHUS

J'ai tout prévu ; vous fuirés avec elle.

POLIXÈNE.

     Plus vous vous montrés généreux,
Et plus je crains pour vous la colere des Dieux.

PIRRHUS.

Quand Polixène à mon fort s'intereffe,
     Pirrhus eft trop heureux
Le péril croît ; craignés un peuple furieux.

POLIXÈNE, à part, en s'en allant.

Qu'il en coûte à mon cœur pour cacher fa tendreffe.

SCÊNE V.

PIRRHUS, *seul.*

JE respire ! mes soins vont assûrer son sort :
D'un peuple audacïeux je ne crains plus l'effort...

(On entend une simphonie bruyante , & le théâtre s'obscurcit.)

Quel bruit !... Quelle vapeur horrible
M'environne de toutes parts ?...
Sortons... Quelle main invisible

*(LA JALOUSIE , le DÉSESPOIR , la FUREUR
& leur SUITE sortent des Enfers.)*

M'arrête ?... Quels objèts s'offrent à mes regards !

SCÊNE

SCÊNE VI.

PIRRHUS, *la* JALOUSIE, *le* DÉSESPOIR, *la* FUREUR *& toute leur* SUITE.

LA JALOUSIE *, & toute fa* SUITE.

Vois l'Enfer en furie
S'armer pour ton malheur :
Tremble ! connois la Jaloufie ;
De fes tourments reſſens l'horreur.

LA JALOUSIE *, à fa* SUITE.

Miniſtres des forfaits dont je remplis le monde ,
Vous, que l'Enfer a foûmis à mes loix ,
Qu'aux ordres de Junon votre zele réponde :
Irrités vos ſerpents aux accents de ma voix ;
Déployés ſur Pirrhus votre rage cruëlle ;
Hâtés-vous, puniſſés ſon ardeur criminelle.

(Sur un air , partie des SUIVANTS *de la* JALOUSIE *exécutent fes ordres.*)

P I R R H U S.

Quel poiſon infecte mon cœur !

LA JALOUSIE.

Aux maux dont ton âme eſt faiſie ,
Vois ce que peut l'Enfer vengeur :

G

POLIXÈNE,

PIRRHUS.

Cruëlle ! arrache-moi la vie ;
Délivre-moi de tant d'horreur.

LA JALOUSIE.

Lorsqu'un mortel porte l'audace
Jusqu'à braver le Ciel & les Enfers,
Il ne mérite point de grâce ;
Il doit servir d'éxemple à l'univers.

Tous les suplices du Tartare
Ne font rien, près de ceux que ce jour te prépare.
Le Désespoir & la pâle Fureur
S'empareront de ton âme :
De mon flambeau l'horrible flâme
Embrâsera ton cœur.
Dans leurs demeures sombres
Les criminelles ombres,
En apprenant ton tourment,
Frémiront de ton châtiment !

(Sur un second air, les SUIVANTS *de la* JALOUSIE, *armés de flambeaux, entourent* PIRRHUS, *& s'efforcent de lui inspirer leur fureur.)*

LA JALOUSIE & *toute sa* SUITE.

Que la rage inhumaine
T'inspire les forfaits :

Qu'ils irritent ta peine ;
Que le remords te déchire à-jamais !

La JALOUSIE , en se retirant.

Télephe adore Polixène ;
Il est prêt à te la ravir.

SCÊNE VII.

PIRRHUS , seul.

LE perfide !.. Cédons au transport qui m'entraîne ;
Soulageons mes tourments en le fesant souffrir.

(*TÉLEPHE paroît au fond du théâtre.*)

Il vient ce rival que j'abhorre :
A son aspect ma fureur croît encore.

S C Ê N E VIII.

PIRRHUS, TÉLEPHE.

P I R R H U S.

TU la cherches, l'ingrate ! & je lis dans tes yeux
L'audacieux espoir que t'inspirent tes feux :
Tu sentiras le poids de ma puissance !
Et pour elle, & pour toi, frémis de ma vengeance !

T É L E P H E.

Eh bien, qui peut te retenir ?
Frappe ! j'adore la Princesse.
Je venois l'arracher au péril qui la presse ;
Je ne puis la sauver ; je ne veux que périr.

P I R R H U S.

Tu périras, & l'ingrate elle-même !
Je me permettrai tout dans ma fureur extrême.

T É L E P H E.

Fais-la donc traîner à l'autel ;
Viens repaître tes yeux d'un spectacle cruël.
Si c'est trop peu pour toi d'avoir rougi la terre
Du sang de tous les siens, de celui de son pere,
Viens lui porter le coup mortel.

Ou plûtôt, viens me voir, armé pour fa défenfe,
　Braver du Ciel l'arrêt & la vengeance ;
Difperfer, immoler des Prêtres furieux ;
Conferver Polixène, ou mourir à fes yeux.

P I R R H U S.

Fier ennemi, qu'en frémiffant j'admire,
Que fur moi de l'honneur tu connois bien l'empire !
Ta vertu m'humilie ; elle doit m'éclairer.

T É L E P H E.

Il en eft tems encor, tu peux tout réparer.

P I R R H U S.

Qu'éxige-tu ?

T É L E P H E.

　　De fauver la Princeffe :
Au péril de tes jours, prouve-lui ta tendreffe ;
　Par ce bienfait fois digne de fon cœur.
　　Oui, malgré mon amour extrême,
　　Si tu peux faire fon bonheur,
A cet objet fi cher je m'immole moi-même.

P I R R H U S.

　Que dis tu ? quel effort fuprême !
　L'amour jaloux fut m'égarer ;
Je te devrai le retour de ma gloire.
　Ami, juge de ma victoire !...

Pour ſauver Polixène , il faut m'en ſéparer ;
Mais je veux faire plus ; oui, je vais à toi-même…
A mon rival confïer ce que j'aime.

T É L E P H E.

Ah , Pirrhus !

P I R R H U S.

Viens : tous les moments ſont chers ,
Hâtons-nous ; & cachons ſa fuite à l'univers.

FIN DU QUATRIEME ACTE.

ACTE CINQUIEME.

Le Théâtre repréſente, ſur le devant, une avenue de palmiers & de ciprès, &, dans le fond, un Monument érigé aux mânes d'ACHILLE : en avant de cet édifice eſt un autel.

SCÊNE PREMIERE.

PIRRHUS, ſeul.

ENfin j'ai pu trïompher de moi-même ;
Télephe & Polixène abandonnent ces lieux...
  Si ce trïomphe eſt glorieux,
   Hélas, que ma peine eſt extrême !
Quoi, pour-jamais, je perds tout ce que j'aime?...
  Ah, je ſuis encor trop heureux
De pouvoir l'arracher à ſon deſtin affreux !

(En s'avançant au monument.)

Mânes sacrés, Ombre, que je révere,
Et vous, Dieux tout-puissants! calmés votre colere.
Si l'amour fit mon crime, hélas! ce même amour
Met le comble à mes maux, & vous venge en ce
  jour.

SCÈNE II.

PIRRHUS, HÉCUBE.

HÉCUBE.

Es-tu content du succès de ton crime?..

PIRRHUS.

Dieux, Hécube!

HÉCUBE.

Télephe est mort...

PIRRHUS.

Ciel, il n'est plus!

HÉCUBE.

N'affecte point des regrèts superflus :
Viens t'enivrer du sang de ta victime.

PIRRHUS.

Quels font ses assassins?

HÉCUBE.

H É C U B E.

Peux-tu le demander !.. Ce peuple de mutins,
    Qui vient d'accâbler fon courage,
Comment a-t-il appris que nous quittions ces murs ?
Toi feul l'as pu guider dans ces fentiers obfcurs
    Qui nous conduifoient au rivage.

P I R R H U S.

Dieux, quelle horreur ! qui, moi ? quand, pour
    fauver vos jours,
    J'immolois jufqu'à ma tendreffe !
Quand, bravant de Junon la haîne vengereffe,
Des maux de mes fujèts j'éternifois le cours !

H É C U B E.

Penfe-tu m'abufer ? non, non ; l'œil d'une mere
    A fu percer cet horrible miftere.

P I R R H U S.

Connoiffés mieux Pirrhus.

H É C U B E.

        Trop dignes de leur roi,
Tes barbares fujèts n'ont obéi qu'à toi.

P I R R H U S.

C'en eft trop. Je voulois, aux dépens de ma vie,
Arracher en ce jour votre fille à la mort :

H

Mais, qu'elle vive... ou qu'on la facrifie...
Pirrhus l'abandonne à fon fort.

H É C U B E.

Épuife donc fur moi ta fureur implacable !..
J'écoute trop , peut-être , un aveugle couroux.
Tu dois me pardonner, fi tu n'ès point coupable.
Faut-il, pour te fléchir, embraffer tes genoux ?
Vois mon état affreux ; prends pitié d'une mere :
     Si Polixène te fut chere ,
Sauve-la ; fauve-moi du défefpoir mortel
     De voir fon fang coûler fur cet autel !

P I R R H U S.

Moi, contre un peuple entier , à tous les maux en
     proie ,
     J'irriterois encor les Dieux ?
Je ferois de Lariffe une feconde Troie ?
Pour qui pour des ingrats, pour des cœurs furïeux
     À qui Pirrhus eft odïeux ?...
Non.

H É C U B E.

     Je te reconnois, cruël ! à ce langage.
     Tous nos malheurs font l'effet de ta rage*!*
Par toi feul en ce jour , dévouée au trépas ,
(*POLIXÈNE entre, au milieu des P* ÊTRES *d'A* HILLE *& des
     PEUPLES : elle eft ornée du bandeau facré & de guirlandes de
     fleurs , comme l'é oient les victimes chés les anciens*)
Polixène... Elle vient !... Je ne puis la défendre;

Mais si son sang doit se répandre,
De mes tourments du-moins tu ne jouïras pas :

(Elle tire de dessous son vêtement un poignard, & le leve
sur PIRRHUS.)

Meurs !

SCÊNE III.

PIRRHUS, HÉCUBE, POLIXÈNE, PRÊTRES d'ACHILLE, PEUPLES.

POLIXÈNE, arrachant à *HÉCUBE le poignard.*

JE frémis.

HÉCUBE.

C'est Polixène
Qui vient désarmer ma fureur !

POLIXÉNE.

J'ai laissé voir le secret de mon cœur :
Si je mérite votre haîne,
Bientôt ma mort. . . .

PIRRHUS.

Non ! plûtôt qu'en ce jour
Et la flâme & le fer dévastent ce séjour.

Hij

 POLIXÈNE,

LE **GRAND-PRÊTRE.**

Ofés-vous aux autels dérober leur victime ?

PIRRHUS.

J'ôferai tout, dans l'ardeur qui m'anime.

POLIXÈNE,

Pirrhus, je vois ton efpoir, ton erreur :

Je t'aime, tu le fais ; ma frayeur ma trahie ;

Mais connois-moi : ton bras confervât-il ma vie,

Je faurois te punir du crime de mon cœur :

PIRRHUS.

(On entend des fons funebres, & le théâtre s'obcurcit dans
le fond.)

N'importe, vous vivrés... Le jour céde aux ténébres !

(La fimphonie continue, en augmentant ; le monument
s'entrouvre & l'autel fe brife.)

HÉCUBE.

Ce monument s'entrouvre !... & des accents funebres
bres

Nous annoncent les Dieux vengeurs !

POLIXÈNE.

Mon trépas feul peut finir vos allarmes :

Quand je vous fauve tous, j'y dois trouver des charmes.

(Aux PRÊTRES, *en s'approchant du monument.)*

Je me livre à vos coups.

PIRRHUS, aux PRÊTRES, en s'élançant entre eux & POLIXÈNE.

Arrêtés !

HÉCUBE, tombant de foiblesse dans les bras des femmes, qui la soûtiennent.

Je me meurs.

SCÊNE IV.

LES ACTEURS *de la Scêne précédente,* L'OMBRE D'ACHILLE.

L'OMBRE, *fur le bord du monument.*

(Au GRAND-PRÊTRE.)

LE fang que ta main veut répandre
Irriteroit les Dieux, loin d'honorer ma cendre.

(Les PRÊTRES ôtent le baudeau-facré & les guirlandes dont POLIXÈNE eft ornée.)

Pirrhus, au deftin le plus doux
Le Ciel vous permet de prétendre :
Thétis a de Junon défarmé le couroux.

PIRRHUS.

Mon pere, quels bienfaits !

L' *O M B R E.*

Que la reconnoissance
Consacre à-jamais ce grand jour.

(L'OMBRE rentre dans le monument, & les PRÊTRES
se retirent.)

SCÈNE V.

PIRRHUS, HÉCUBE, POLIXÈNE,
PEUPLES.

PIRRHUS, à POLIXÈNE.

PRincesse, à votre tour,
Daignerés-vous combler mon espérance ?

POLIXÈNE, en regardant HÉCUBE.

Mon choix n'est pas en ma puissance.

H É C U B E.

Tu vis ; mon sort est trop heureux !
J'obéis au destin, en approuvant tes feux.

POLIXÈNE, à PIRRHUS.

Dans mes regards, Pirrhus doit lire.

PIRRHUS.

Ah, j'y lis mon bonheur, confirmé par l'amour !

Peuples, & vous, Guerriers, foûtiens de mon em-
        pire,
Faites de vos concerts retentir ce féjour ;
Célébrés à-jamais le jour qui vient nous luire.

SCÈNE DERNIERE.

LES ACTEURS *de la Scêne précédente,*
GUERRIERS.

(*Entrée de* GUERRIERS *& de* PEUPLES.)

LE CHŒUR *des* PEUPLES *& des* GUERRIERS.

FOrmons de nobles jeux ;
Que nos accents s'élevent jufqu'aux cieux :
        Qu'avec nous tout confpire
Pour célébrer un jour qui comble tous nos vœux.

(*Le divertiffement continue, & eft terminé par le* CHŒUR
        fuivant, qui fe mêle avec la danfe.)

LE CHŒUR, *à* PIRRHUS *& à* POLIXENE.

Tendres amants, le Ciel lui-même
Vous affûre un bonheur fuprême :

Dans le fein des plaifirs oubliés vos malheurs.
Trïomphés à-jamais, & régnés fur nos cœurs.

F I N.

A P P R O B A T I O N.

J'Ai lu, par ordre de Monfeigneur le Chancelier, P O L I X E N E, *Tragédie - Lirique*; & je n'y ai rien trouvé qui ne doive en favorifer l'Impreffion. A Verfailles ce vingt-deux Septembre 1762.

DEMONCRIF.

www.ingramcontent.com/pod-product-compliance
Lightning Source LLC
LaVergne TN
LVHW022332170726
843503LV00006B/2842